Faszinierendes

Wien

Bilder von

János Kalmár

Texte von

Michael Kühler

Erste Seite:
Wie einst im antiken Griechenland bekrönen Akroterien, Dachfiguren, das Postsparkassenamt. Der Architekt Otto Wagner hatte damit seinem Hauptwerk, einem der berühmtesten Jugendstilgebäude Wiens, noch eine historistische Note verliehen. Denn die Dachfiguren waren auch in der Renaissance, im Klassizismus und im Historismus gebräuchliche Schmuckelemente.

Vorherige Doppelseite:
Vom Turm des Rathauses an der Ringstraße bietet sich ein wunderschöner Blick auf den ersten Wiener Gemeindebezirk mit dem Burgtheater. Der Ring wurde nach Schleifung der Stadtmauern angelegt und mit historistischen Prachtbauten bestückt. Innerhalb des Rings befindet sich die historische Altstadt Wiens.

Rechts:
„Gläsern“ wie das Palmenhaus am Burggarten ist auch die einsehbare Küche des Café-Restaurants. Kulinarische Köstlichkeiten werden hier in einem einmaligen Ambiente zelebriert und kredenzt.

Seite 10/11:
Otto Wagner hatte den Auftrag erhalten, die ersten Stadtbahnhaltestellen Wiens zu entwerfen. Später Historismus und früher Jugendstil gehen hier eine zauberhafte Verbindung ein. Die Station der Wientallinie am Karlsplatz wird heute nicht mehr als Haltestelle verwendet.

Inhalt

12

Habe die Ehre

20

Der 1. Bezirk – das historische Zentrum Wiens

44

K. u. k. Prachtbauten am berühmten Wiener „Ring"

66

Vorstädte und Vororte – über den „Gürtel" bis zum Wienerwald

Seite 90: Register

Seite 91: Karte

Seite 92: Impressum

KARLSPLATZ
CAFE
Kaffee
Meinl

Meinl
Kaffee
Meinl
Kaffee

Habe die Ehre

Wien, die Hauptstadt Österreichs, hatte in den vergangenen Jahrhunderten immer wieder die Ehre, weltberühmte Persönlichkeiten wie Ludwig van Beethoven, Wolfgang Amadeus Mozart oder Sigmund Freud zu ihren Mitbürgern zu zählen. Und noch immer ist Wien anziehend, das beweisen die jährlichen Besucherzahlen. Und so wird nicht nur manche Dame zur Begrüßung ein galantes „Küss' die Hand" hören, manch' Herr mag „Habe die Ehre" vernehmen. Auch wenn Titel und Adelsstand seit 1919 abgeschafft sind – ungeachtet des möglichen Ranges folgen dann gerne als Anrede „Frau Doktor" oder „Herr Hofrat".

Die Habsburgermonarchie, in deren Weltreich zu seinen Glanzzeiten die Sonne nie unterging, hatte Wien als Residenz von den Babenbergern übernommen. Besiedelt jedoch war das Wiener Becken bereits in der Steinzeit. An der Stelle der keltischen Siedlung Vedunia wurde später von den Römern das Militärlager Vindobona errichtet. Aus diesen Namen hat sich im Laufe der Zeit der heutige Begriff entwickelt: Wien.

Die erste Geschichte der Stadt wurde bereits um 1280 geschrieben. Jans „der Enkel" beschrieb in seinem Fürstenbuch nicht nur sich selbst als „rechten Wiener", von ihm stammen auch Erzählungen über den Minnesang bei Hofe und selbst eine Weltchronik hat er verfasst. Doch nicht nur von ihm wurde Wien besungen, auch die vielen Operetten- und Walzerkomponisten, die Kaffeehaus-Literaten oder die Kaiserin der Herzen, Sisi, machten Wien ebenso berühmt wie der „Vater der Psychoanalyse", Sigmund Freud.

An der schönen blauen Donau

Wien liegt immer noch an der schönen blauen Donau, auch wenn man es beim ersten Blick auf den Stadtplan vielleicht gar nicht vermuten möchte: hier wirkt es so, als würde die Stadt dem Strom den Rücken zukehren. Doch weit gefehlt. Viele Überschwemmungen machten es nötig, den Fluss in seine Schranken zu weisen. Es fließt immer noch ein Altarm durch's Zentrum, Donaukanal genannt, und die kilometerlange Donauinsel zwischen der Neuen Donau und der Alten Donau ist ein Freizeitparadies ersten Ranges geworden.

Nicht sehr weit von der Donau entfernt finden Vergnügungswillige eines der bekanntesten Wahrzeichen Wiens, das Riesenrad auf dem Wurschtelprater. Gut hundert Jahre alt, kann es sich nach wie vor auch gegen die Achterbahnen, Spielhallen und anderen Errungenschaften des modernen Lebens behaupten.

Was könnte es Gemütlicheres geben als eine Fahrt mit dem Fiaker auf dem Ring um Wiens Altstadt. Diese Art „Taxi“ im Schritttempo hält dort, wo der Gast es wünscht, zum Beispiel vor dem klassizistisch anmutenden Parlament am Dr.-Karl-Renner-Ring.

Es lebe der Zentralfriedhof

Den Wienern wird nachgesagt, sowohl gerne gut zu leben als auch den Ahnen ein ehrendes Angedenken zu bewahren. Der Kult wird ebenso im Bestattungsmuseum bewahrt, wie auch in einem der größten Friedhöfe weltweit. Musikalisch verewigte der Liedermacher Wolfgang Ambros den Zentralfriedhof zu dessen Hundert-Jahr-Jubiläum 1974 und der morbide Charme war nicht nur im berühmten Film „Der dritte Mann“ mit Orson Welles zu sehen. Die Liste der Ehrengräber ist lang und so pilgern viele Musikbegeisterte in dieser riesigen Totengedenkstätte zu den Gräbern von Beethoven und Schubert. Diese beiden weltbekannten Komponisten waren ursprünglich auf dem Währinger Friedhof bestattet und wurden hierher umgebettet. Das jüngste „staatliche Begräbnis“ in der Präsidentengruft fand 2007 statt, als der „vergessliche“ Kurt Waldheim im Alter von 88 Jahren bestattet wurde; ein „Staatsbegräbnis“ war es hingegen nicht, da die Amtszeit bereits 1992 geendet hatte.
Auch die letzte Habsburger Kaiserin, Zita – sie hatte wie ihr Mann nie abgedankt – wurde 1989 traditionsgemäß in der Kapuzinergruft beigesetzt. Der Pförtner verweigerte dem Zeremonienmeister so lange den Einlass, bis aus einer „Kaiserlichen Majestät“ eine „reuige Sünderin“ geworden war. Wie bei ihren Ahnen wurden das Herz in der Augustinerkirche und die Eingeweide im Dom bestattet. Weniger prominent als die Kapuzinergruft und der Zentralfriedhof hingegen ist der „Friedhof der Namenlosen“. Bis vor einiger Zeit fanden hier Selbstmörder ebenso ihre letzte Ruhe wie Mordopfer, deren Leichen von der nahen Donau angeschwemmt wurden.
Das sprichwörtlich außergewöhnliche Verhältnis des Wieners zum Tod zeigt sich nicht nur darin, dass in der Stadt das größte pathologische Museum weltweit zu finden ist. So ist überliefert, dass sich einer der vermeintlich Vornehmen, Adligen bei Kaiser Joseph II. beschwert hatte, er könne nach der Öffnung des Praters fürs gemeine Volk hier nicht mehr unter seinesgleichen lustwandeln. Worauf der Kaiser entgegnete, dann dürfe er selbst nur in der Kapuzinergruft spazieren gehen – wo seine Ahnen bestattet sind …

Beletage am Ring und Mezzanin am Gürtel

Gelebt und repräsentiert haben die Habsburger in der Hofburg und im Schloss Schönbrunn, dem Wiener Versailles. Heute sind beide Areale ebenso Anziehungspunkte für Besucher aus aller Welt wie der „Steffl“, der Stephansdom, oder die Prachtbauten am „Ring“, wie die Ringstraße um die Altstadt mit ihren engen Gassen genannt wird. In den Adelspalais war der erste Stock, die Beletage, alleine dem Repräsentieren vorbehalten. Die Küche befand sich darunter, die privaten Wohnräume darüber.
Während der Ring an der Stelle der früheren Stadtmauer entstand, wurde der „Gürtel“ als Straßenzug dort errichtet, wo früher ein Wall die Stadt vor der Belagerung durch

Der Volksgarten am Ring war ursprünglich als Privatgarten für die Erzherzöge geplant und wurde zum ersten öffentlich zugänglichen Park in Hofbesitz. Dabei erleichterte die streng geometrische Form der Wege die Überwachung der Besucher. Im Volksgarten befinden sich verschiedene Denkmäler, unter anderem für Kaiserin Elisabeth.

die Türken sichern sollte. Hier entstanden „Zinshäuser", Mietskasernen gleich, die mit dem Mezzanin eine Wiener Besonderheit aufweisen. Um pro Stockwerk zu zahlende Abgaben zu sparen, wurde zwischen Erdgeschoss und erstem Stockwerk der Mezzanin als Halb- oder Zwischengeschoss eingefügt. Doch nicht nur private Vermieter kamen auf diese Idee, auch am Wiener Neuen Rathaus wusste man im 19. Jahrhundert das Geld zusammenzuhalten …

Einspänner, Fiaker und Pharisäer

Und sparsam kann man selbst heute noch beim ausgedehnten Besuch eines Kaffeehauses sein. Wer das Wort „Kaffee" richtig ausspricht (Betonung auf dem „e" und nicht auf dem „a"), wer den befrackten Kellner traditionell mit „Herr Ober" anspricht und wer schließlich statt eines „Kaffees" einen „Einspänner" (Mokka mit Schlag, das heißt Sahne) oder gar einen „Pharisäer" (mit einem Glas Rum) bestellt, der wird dazu ein Glas Leitungswasser serviert bekommen. Und er kann lange und ausgiebig mit diesem einen Getränk den berühmten „Wiener Schmäh" führen, die kostenlos ausliegenden Zeitungen lesen oder seine geschäftlichen Besprechungen hier abhalten.
Dass die Arbeit ins Kaffeehaus verlegt wird, hat eine lange Tradition. 1867 hatte Ministerpräsident Auersperg verordnet, dass die Zeitungen gewissenhafter als bisher kontrolliert werden sollten. Wo ginge das besser als im „Central", im „Imperial", im „Landtmann", im „Hawelka" oder im „Griensteidl"? Die Kaffeesieder wollten ihre neue Kundschaft möglichst lange in ihren Etablissements halten und abonnierten deshalb auch Blätter mit revolutionären Tendenzen – und so galten Staatsdiener dann als besonders fleißig, wenn sie möglichst selten im Büro und dafür umso häufiger im Kaffeehaus anzutreffen waren.
Als Tourist indes sollte man nicht immer bis zum Schluss bleiben, denn die Donaumetropole hat noch viel mehr zu bieten. Wer es geruhsam mag, der wird eine Fahrt mit dem Fiaker durch die Altstadt nicht versäumen wollen. Auch gemütlich, aber schon viel lebendiger und ein „Muss", ist ein Besuch beim Heurigen. Ob in Grinzing oder anderswo, der junge Wein ist süffig, die Stimmung oft ausgelassen und die anschließende Bettschwere garantiert.

Sachertorten allerorten

Nicht nur wer im legendären Hotel Sacher oder im bald noch luxuriöseren Hotel Imperial logiert, bettet sich gut. Selbst im Zentrum gibt es kleine Pensionen mit wesentlich erschwinglicheren Preisen als in den Nobelherbergen. Die Sachertorte kann, wer möchte, im gleichnamigen Café genießen – ob und wie „original" sie ist, das konnte wohl auch der jahrzehntelange Disput mit dem gleichfalls berühmten Café Demel nicht letztendlich klären.
So gestärkt kann man nacheinander auch den kulturellen Höhepunkten Wiens einen Besuch abstatten. Und so gibt es seit einiger Zeit in der Hofburg auch ein Sisi-Museum. Gezeigt werden von der für ihren Haar-Kult und

Der malerische Sankt Marxer Friedhof im 3. Bezirk Landstraße steht heute unter Denkmalschutz. Viele der klassizistischen oder historistischen Einzelgräber wurden mit einer trauernden Engelsfigur geschmückt. Mozart dagegen wurde in einem sogenannten Schachtgrab bestattet und bereits kurz nach seinem Tod war die genaue Lage der Grabstätte nicht mehr bekannt.

ihren Diät-Wahn bekannten Kaiserin von Österreich und Königin von Ungarn viele persönliche Gegenstände. Neben ihren Babyschühchen, ihren Kokaindöschen oder ihrem Trauerfächer sind das auch die Turngeräte, die sie in ihrem Ankleideraum aufstellen ließ. Leider darf man sie nicht benützen, um die mit den vielen guten Wiener Schmankerln erworbenen Pfunde wieder loszuwerden ... Was sich für diese Art sportlicher Betätigung eignen könnte, wäre ein Besuch in Schönbrunn. Wer das riesige Schloss, die Parkanlagen und anschließend auch noch den Tiergarten, den ältesten Zoo der Welt, zu Fuß durchwandert hat, der darf sich auf ein deftiges oder feines Nachtmahl freuen. Nicht minder interessant und weniger überlaufen sind die Schlösser Oberes und Unteres Belvedere. Einst für den Prinzen Eugen von Savoyen erbaut, beherbergen sie heute unter anderem ein Barockmuseum.

Der Kongress tanzt

Überschäumende barocke Lebensfreude trifft sich in Wien immer wieder zum Stelldichein mit bescheidener Gemütlichkeit à la Biedermeier. Der Wiener Kongress 1814/15 beschwor nach Napoleons Niederlage nicht nur eine neue Ordnung in Europa herauf. Er machte auch den Wiener Walzer salonfähig, ohne den heute Wien, Österreich und die Welt kaum denkbar wären. Im Dreivierteltakt drehen sich die Debütantinnen beim Opernball Ende Februar eines jeden Jahres. Zu diesem größten gesellschaftlichen Ereignis Österreichs, in der Wiener Staatsoper, kommen an die 5000 Besucher aus aller Welt. Zu heftigen Diskussionen führten nicht nur die neuen, astronomisch hohen „Eintrittspreise" in fünfstelliger Höhe für die prestigeträchtigen Logenplätze. Auch die Wahl des jeweiligen Ehrengastes Weltstars wie Sophia Loren oder Sternchen wie jüngst Paris Hilton – füttert die Medien bereits Wochen im Voraus mit Stoff. Wer möchte, kann dann die Schlagzeilen der Regenbogenpresse im Vorübergehen oder die hintergründigen Kommentare der seriösen Blätter in aller Ruhe im Kaffeehaus lesen.
Kulturschaffende, Unternehmer oder Politiker, denen die rauschende Ballnacht nicht der geeignete Treffpunkt für ihre Unterredungen scheint, können sich stattdessen eines der vielen gemütlichen Beisl aussuchen. Hier gibt es lokale Schmankerl zu essen und die Preise sind – wie wohl kaum anders zu erwarten – viel bescheidener. Auch der Schanigarten ist so eine typische Wiener Einrichtung – im weinumrankten Innenhof lässt es sich trefflichst schmausen und plauschen.

Mit der „Bim" in den Wienerwald

Wenn die Wiener ihre gemütliche Großstadt für ein paar Stunden verlassen wollen, dann ist der Wienerwald, der Grüngürtel rings um die Stadt, das erste Ziel. Mit der lustig klingelnden „Bim", wie die Straßenbahn hier genannt wird, kann die Reise ein wenig dauern, aber es

Oben:
Peter Paul Rubens' Gemälde „Boreas entführt Oreithya" im Liechtenstein-Museum erzählt die Geschichte vom die Königstochter raubenden Nordwind. Wie im Zeitalter der Gegenreformation üblich wird hier das Verhältnis der Geschlechter unter erotischem Blickwinkel dargestellt.

Seite 18/19:
Mitte der 1880er-Jahre erbaute Otto Wagner die sogenannte „Erste Villa Wagner". Die Gestaltung der Fenster besorgte Adolf Böhm. Der heutige Besitzer der Villa, der Maler Ernst Fuchs, hatte 1959 zusammen mit Arik Brauer die „Schule des fantastischen Realismus" gegründet – und seinem neuen Domizil hat er mit einer Fruchtbarkeitsstatue und grellen Farben seinen Stempel aufgedrückt.

gibt ja auch noch Schnell- und Bundesbahn. Ortschaften wie das geschichtsträchtige Mayerling, der Winzerort Gumpoldskirchen, die schon bei den Habsburgern beliebte Sommerfrische Laxenburg oder die Kurstadt Baden sind weithin bekannt.
„Wienerwald" wurde übrigens auch die Dächerlandschaft von Pressburg genannt, weil hier zu Zeiten des Eisernen Vorhangs alle Fernsehantennen nach Westen, Richtung Wien, ausgerichtet waren. Heute ist die slowakische Hauptstadt wieder ein wunderschönes Ausflugsziel für die Wiener und ihre Gäste. Die „Donaudampfschifffahrtsgesellschaft" hat sich ein bisschen umbenannt, aber die Reise auf der Donau ist immer noch ein Erlebnis.

Von der Sezession bis Hundertwasser

Und nach so einem Ausflug kann man sich darauf freuen, in Wien noch viel mehr zu entdecken. Die strenge Architektur des „Karl-Marx-Hofes" im „Roten Wien" der Zwanzigerjahre mag ebenso überraschend sein wie das gleichfalls riesige und erst vor wenigen Jahren eröffnete MuseumsQuartier. Es gilt als eines der größten Kulturviertel der Welt und beherbergt moderne Kunstschätze vom Beginn des 20. Jahrhunderts bis in unsere Tage.
„Secession" nennt man eine ganz eigene Wiener Kunstrichtung in der Zeit um 1900. Der bis heute immer noch bekannteste Vertreter ist der Maler Gustav Klimt. Architekten wie Otto Wagner haben mit ihren kunstvoll dekorierten Bauten das Stadtbild ebenso bereichert wie Adolf Loos, dessen Hinwendung zu einer strengen Sachlichkeit weder bei den Wienern noch bei Hofe auf sofortige Gegenliebe stieß.
Einige Jahrzehnte später warfen Kritiker dem Künstler Friedensreich Hundertwasser vor, keinen eigenen Stil entwickelt zu haben. Erkennbar ist das Hundertwasser-Haus hingegen auf den ersten Blick und als wichtige Sehenswürdigkeit hat es sich längst etabliert. Gleich auf Anhieb ein Erfolg wurden die Bugholzmöbel von Michael Thonet. Die Kaffeehausstühle laden heute wie vor 150 Jahren zum Verweilen ein.

Rechts:
Im Hotel Imperial – Nomen est omen – an der Ringstraße logieren Staatsgäste und Stars. Heute wird das Gästebuch unter einer Glasglocke präsentiert. Einst für Herzog Philipp von Württemberg erbaut, wurde das Palais bereits nach wenigen Jahren, 1873, zur Wiener Weltausstellung als Hotel eröffnet.

Der 1. Bezirk – das historische Zentrum Wiens

22 Wiener Gemeindebezirke gruppieren sich schneckenartig um die Innere Stadt, wie der 1. Bezirk genannt wird. Bis zu den ersten Eingemeindungen 1850 entsprach dieses Gebiet auch der Stadt Wien – an der Wien gelegen und nicht an der Donau. Denn die Alte Donau floss an der Stadt vorbei, während der Strom heute das Zentrum von Neubaugebieten trennt.

Berühmtestes Wahrzeichen der österreichischen Hauptstadt ist der Stephansdom, doch auch die weitläufige Anlage der Hofburg mit dem Burggarten, dem Heldenplatz und dem Volksgarten ist äußerst sehenswert. Von der Steinzeit über die Römer bis zu den Babenbergern währte eine mehr als dreitausend Jahre lange Geschichte, ehe die Habsburger die Herrschaft übernahmen.
Sie haben im Verlauf von mehr als sechshundert Jahren ein Weltreich aufgebaut und Wien zur „Kaiserstadt" gemacht, was heute noch an vielen repräsentativen Bauten und großartigen Kunstsammlungen ablesbar ist. Eine der bekanntesten Persönlichkeiten des Hauses Habsburg war Kaiserin Maria Theresia. Sie hatte sich veranlasst gesehen, eine sogenannte Keuschheitskommission zu gründen, wofür sich ein berühmter Besucher der Stadt nicht begeistern konnte: Giacomo Casanova. Denn er flanierte mit Vorliebe am Graben, damals ein Mekka der gleichnamigen „Grabennymphen". Heute ist der Graben wie auch die Kärntner Straße Fußgängerzone und Einkaufsparadies für Wiener wie auch für die Gäste. Und sie spazieren auch gerne durch verwinkelte Gässchen oder über den Naschmarkt. Der Name dieses Obst- und Gemüsemarktes mitten in der Stadt hat im übrigen nichts mit Süßigkeiten zu tun – und auch der ursprüngliche Begriff „Aschenmarkt" ist irreführend: das mittelhochdeutsche „asch" bedeutete Schüssel oder Milcheimer. Dieser bekannteste der Wiener Märkte liegt nicht nur hinter dem „Ring"; er überdeckt auch den namengebenden Fluss, die Wien.

Oben:
Einer der zahlreichen Schachspieler im Café Central war zu Beginn des 20. Jahrhunderts der russische Emigrant Bronstein. Nach einer bekannten Anekdote wurde ihm das Entfachen einer Revolution in seiner Heimat nicht zugetraut – unter seinem späteren Namen Leo Trotzki sollte er das Gegenteil beweisen.

Links:
Bei einer Fiaker-Fahrt kommt man am Judenplatz auch an der Rückfront der ehemaligen Böhmischen Hofkanzlei vorbei. In den Bau von Fischer von Erlach wurde im 20. Jahrhundert eine Fußgängerpassage eingefügt. Heute hat hier der Verfassungs- und Verwaltungsgerichtshof seinen Sitz.

850 JAHRE
ST. STEPHAN

Linke Seite:
Die Dom- und Metropolitankirche St. Stephan ist Wiens bekanntestes Wahrzeichen und Österreichs bedeutendstes gotisches Bauwerk. Sie beherrscht mit ihrem 137 Meter hohen Turm das Altstadtpanorama. Das Dach ist im geometrischen Muster mit rund 230 000 glasierten Ziegeln gedeckt.

Die barocke Peterskirche wurde nach dem gleichnamigen Vorbild in Rom erbaut. Die mächtige Kuppel des Zentralbaus ist mit einem Fresko von Johann Michael Rottmayr geschmückt. Der Überlieferung nach soll an dieser Stelle zuerst eine spätrömische und ab 792 eine von Kaiser Karl dem Großen gegründete Kirche gestanden haben.

Acht Jahrhunderte Baugeschichte prägen den Stephansdom. Von der Romanik ist noch das Riesentor erhalten, das 28 Meter hohe Mittelschiff wird von gotischen Bündelpfeilern gegliedert. Glanzvollstes Kunstwerk im Kirchenschiff ist die überaus reich geschmückte spätgotische Kanzel aus Sandstein.

1894 baute Otto Wagner in der Spiegelgasse 2 das Ankerhaus. Vorgehängte Glasfassaden an den beiden Sockelgeschossen waren zu jener Zeit ein Novum, bekrönt wird das Haus von einem eleganten Glasaufbau.

*Rechte Seite:
Wenn man vom Turm des Stephansdoms zum „ungleichen Bruder“ Haas-Haus schaut, spiegelt sich die Welt zu Füßen ebenso wie der eigene Betrachtungspunkt. Im Zeitalter des Historismus hatten August Sicard von Sicardsburg und Eduard van der Nüll dem Dom das Teppichhaus Philipp Haas gegenübergestellt. Nach einer Zwischenlösung von 1953 bis 1985 folgte 1990 der heutige Bau.*

NAPOLEON

GEWERBEHAUS

Seite 26/27:
Vom Turm des Rathauses bietet sich ein schöner Blick Richtung Innenstadt mit der Michaelerkuppel. Die Salvatorianerkirche St. Michael ist die ehemalige Hofpfarrkirche des Kaiserhauses. In der Gruft bedecken Knochen ganze Boden- und Wandflächen.

„Du, glückliches Österreich, heirate!" Wenn man die Waffensammlung im Kunsthistorischen Museum betrachtet, dann haben die Habsburger ihr Weltreich, in dem (zeitweise) die Sonne nie unterging, wohl auch mit erheblichem Nachdruck um so manches schöne Fleckchen Erde erweitert. Begründet wurde diese militärische Abteilung nicht zuletzt durch die Harnischsammlung Ferdinands von Tirol.

In der dem Bettelorden entsprechend schlichten Kapuzinerkirche verbirgt sich eine der meistbesuchten Sehenswürdigkeiten Wiens, die Kapuzinergruft. Seit 1633 wurden fast alle österreichischen Herrscher hier beigesetzt. Doch auch bei Maria Theresia und Franz I. ist es wie bei allen anderen: die Eingeweide befinden sich im Stephansdom, die Herzen in der Augustinerkirche.

Eine der Sehenswürdigkeiten in der Schatzkammer ist der Mantel des österreichischen Kaisers. Sie befindet sich im ältesten Teil der Hofburg, aus dem 13. Jahrhundert, und hier sind auch der Burgunderschatz aus dem 15. Jahrhundert sowie der Schatz des Ordens vom Goldenen Vlies zu bewundern.

Reichsapfel und Szepter dienten über Jahrhunderte als Symbol für Macht und Würde des Habsburger Reiches. Sie werden zusammen mit der Krone Kaiser Rudolfs II. (1552–1612) in der Schatzkammer gezeigt. Der Eingang befindet sich im Schweizerhof, dessen Name an die einst hier postierte Schweizergarde erinnert.

Seite 30/31:
Von der Neuen Burg – die erst nach dem Ende der Monarchie fertiggestellt wurde – am Heldenplatz geht der Blick Richtung Karlskirche. Der bedeutendste barocke Sakralbau Wiens wurde von Vater und Sohn Fischer von Erlach gestaltet. Das Gotteshaus wurde anlässlich des Pestjahres 1713 von Kaiser Karl VI. gelobt und dem Pestheiligen Karl Borromäus geweiht.

Julius Meinl
Julius Meinl

SRC
Dr.richard

Im Palais Erzherzog Albrecht befindet sich mit der Albertina eine der größten grafischen Sammlungen der Welt. Das Museum verfügt als erstes weltweit über ein vollautomatisches Lager. Lange umstritten war das „Flugdach" im Eingangsbereich, von der österreichischen Firma Waagner Biro ausgeführt, die auch an der Berliner Reichstagskuppel gearbeitet hatte.

Rechts:
Unter Herzog Albert von Sachsen-Teschen gestaltete Louis de Montoyer die habsburgischen Prunkräume in der Albertina im Stil des französischen Empire. Sie erstrecken sich in einer Enfilade parallel zum Burggarten. Berühmt ist der Musensaal, der unter Erzherzog Carl entstand.

Ganz rechts:
Dr. Klaus Albrecht Schröder ist seit 1999 Direktor der Albertina. Als Verfasser und Herausgeber vielfältigster kunstgeschichtlicher Publikationen ist er nicht nur der Tradition verhaftet, sondern er fühlt sich auch den modernen Anforderungen eines Museumsbetriebes verpflichtet.

Der Musensaal der Albertina wurde von Josef Kornhäusel entworfen. Der bedeutende klassizistische Bildhauer Joseph Klieber schuf den namensgebenden Zyklus „Apollo und die neun Musen". Der Saal diente der habsburgischen Familie bis 1919 als Speise- und Ballsaal.

Der Architekt des Musensaals in der Albertina, Josef Kornhäusel, wurde auch mit dem Umbau des Schottenstifts beauftragt. Von Raffaels „Parnaß" im Vatikan sind die neun Musen bestens bekannt: Epik, Lyrik, Komödie, Historik, Flöte, Astronomie, Tragödie, Geometrie und schließlich Gesang und Tanz.

Der Austriabrunnen auf der Freyung stellt das personifizierte Österreich dar. Das von Heinrich II. Jasomirgott 1155 gegründete Schottenstift erhielt seinen Namen, weil im Lateinischen das Herkunftsland der Mönche, Irland, „Scotia Major“ hieß. Der Schottenmeisteraltar von 1470 im Museum des Schottenstiftes ist aufgrund seiner Stadtansichten eine bedeutende historische Bildquelle.

Das Palais Daun-Kinsky auf der Freyung gilt als einer der bedeutendsten hochbarocken Paläste in der Wiener Innenstadt. Erbaut wurde es 1713 bis 1719 von Lucas von Hildebrandt für Feldmarschall Wirich Philipp Graf Daun. Über Graf Khevenhüller kam es 1784 an Rosa Gräfin von Kinsky.

Rechte Seite:
Heute ist das Palais Daun-Kinsky mit seiner prachtvollen Feststiege im Besitz von Karl Wlaschek. Der Begründer der Billig-Supermarktkette „Billa“ gilt als reichster Österreicher. Der Immobilien-Mogul hat den Palast als sein Mausoleum vorgesehen.

Das Café Landtmann befindet sich neben dem Burgtheater und wurde vor diesem, 1873, eröffnet. Bei seiner Umgestaltung 1929 erhielt es die berühmten Holzsäulen im Eingangsbereich, die Premierenszenen darstellen. Auch heute noch verkehren hier viele Schauspieler, aber auch Politiker und natürlich Touristen.

Das Café Museum in der Operngasse wurde rasch zu einem Treffpunkt der Wiener Künstler. Zu seinen vielen Stammgästen zählten unter anderem Elias Canetti, Karl Kraus, Franz Lehar, Georg Trakl oder Franz Werfel. Von hier war und ist es nicht weit zum Naschmarkt, zum Karlsplatz und zum Secessionsgebäude.

Der Ober Erwin Wagner im Frack ist sichtlich stolz auf die Tradition des Cafés Schwarzenberg am Kärntner Ring. Einer der berühmtesten Stammgäste war der Architekt Josef Hoffmann, einer der Begründer der Wiener Werkstätten, der viele seiner Entwürfe hier ersann. Auch heute noch besticht das Kaffeehaus mit seiner original erhaltenen Einrichtung vom Ende des 19. Jahrhunderts.

Die k. u. k. Hofzuckerbäckerei Demel am Kohlmarkt wurde einst von dem aus Württemberg stammenden Ludwig Dehne gegründet und später an einen Gehilfen namens Christoph Demel weitergegeben, nach dem es bis heute den Namen trägt. Berühmt ist die jahrzehntelange gerichtliche „Tortenschlacht", denn die Sachertorte wurde erst hier zur bis heute bekannten Vollendung gebracht. Die beliebten kandierten Veilchen des Hauses waren einst die Lieblingsnascherei von Sisi.

Die Ankeruhr am Hohen Markt entstand nach den Plänen des Jugendstilmalers Franz Matsch. Sie stellt, jede Stunde musikalisch untermalt, zwölf berühmte Wiener Persönlichkeiten dar. Und so erklingt für den Bürgermeister Johann Andreas von Liebenberg das bekannte Lied „Oh du lieber Augustin".

Das Secessionsgebäude wird bekrönt von einer Kuppel, die einen Lorbeerbaum aus vergoldeter Bronze darstellt. 1898 stellte Josef Olbrich das Gebäude fertig, in dem Ausstellungen der noch jungen Künstlervereinigung gezeigt wurden. Heute kann man hier Gustav Klimts „Beethovenfries“ bewundern.

Die American Bar im Kärntner Durchgang gehört zu den frühen Werken der architektonischen Moderne in Wien. Entworfen wurde sie von Adolf Loos, der auch seine Erfahrungen von Ende des 19. Jahrhunderts in den USA einfließen ließ. Heute stehen die wenigen Quadratmeter, denen Spiegel zusätzliche Tiefe verleihen, unter Denkmalschutz.

Die Ladeneinrichtung des k. u. k. Hoflieferanten Knize stammt von Adolf Loos und ist bis heute unverändert. Der berühmte Herrenausstatter gilt als Begründer der ersten Herrenmodemarke der Welt und zählt gekrönte Häupter wie Stars zu seinen Kunden. Oskar Kokoschka bezahlte seine Anzüge mit Gemälden und auch Marlene Dietrich ließ sich hier Fracks für ihre Bühnenshows schneidern.

Rudolf Scheer & Söhne waren nicht nur k. u. k. Hoflieferant, auch der deutsche Kaiser und andere Fürstlichkeiten verliehen dem Haus in der Bräunerstraße den Titel Hofschuhmacher. Die Tradition des Familienunternehmens wird modern fortgesetzt. Erst vor wenigen Jahren entwickelte Markus Scheer eine exklusive Pflegeserie – die professionelle Anleitung wird auf CD geliefert.

Rechte Seite:
In der Kärntnerstraße, einer der bekanntesten Einkaufsstraßen Wiens, residiert das weltbekannte Handelshaus für Glaswaren, der k. u. k. Hoflieferant J. & L. Lobmeyr. Im Jahr 1882 stattete es in Zusammenarbeit mit Thomas Alva Edison die Redoutensäle mit den ersten elektrischen Lüstern der Welt aus.

Linke Seite:
Seit dem Ende des 17. Jahrhunderts verkehren die berühmten Pferdefuhrwerke, die in Wien auch „Zeugl" genannt werden. In der Veronikagasse im 17. Bezirk erzählen in einem eigens eingerichteten Museum Stiche, Bilder und Modelle von der langen Geschichte des Gewerbes.

Im gemütlichen Innenstadtbeisl Figlmüller wurden schon so illustre Gäste wie Leonard Bernstein oder Bud Spencer bewirtet. Bekannt ist es vor allem für seine hauchdünnen Wiener Schnitzel, die gerne auch mal über den Tellerrand hinaus schauen. Angesporrnt durch den Erfolg machten das auch die Wirtsleute – sie eröffneten bereits vor Jahrzehnten zwei weitere Lokale, eines davon in Grinzing.

„Zu den drei Hacken" ist ein weiteres beliebtes Beisl in der Innenstadt. In dem verwinkelten Stüberl wird Wiener Küche wie vor hundert Jahren kredenzt. Und wer nicht weiß, was Beuschel sind, kann einen der aufmerksamen aber nicht aufdringlichen Ober fragen.

K. u. k. Prachtbauten am berühmten Wiener „Ring“

Der „Ring“, wie die Ringstraße von den Wienern kurz genannt wird, wurde in der zweiten Hälfte des 19. Jahrhunderts unter Kaiser Franz Joseph I. als Prachtboulevard angelegt. Nach der Schleifung der Bastionen entstanden hier Paläste und andere Bauten im sogenannten „Ringstraßenstil“. Die historistischen Monumentalbauten begeisterten nicht alle Wienerinnen und Wiener. Gleich als Zwillinge kommen das Kunsthistorische und das Naturhistorische Museum daher, am Burgring gegenüber der Hofburg gelegen. Sie beherbergen eine der bedeutendsten Kunstsammlungen der Welt beziehungsweise das von Kaiser Franz I. gegründete Naturalienkabinett, das von seiner Gemahlin Maria Theresia 1765 der Öffentlichkeit zugänglich gemacht wurde.
Die Kunstbeflissenheit des Hauses Habsburg zeigte sich nicht zuletzt bei der von den Wienern so geliebten Schauspielerei. Und so zählt das Burgtheater nicht nur zu den prachtvollsten Spielstätten, sondern auch zu den bedeutendsten deutschen Sprechbühnen. Ob nun Claus Peymann das Burgtheaterdeutsch anfangs beherrschte oder nicht – mittlerweile ist es auf deutschen Bühnen richtungsweisend.
Im Österreichischen Museum für Angewandte Kunst am Stubenring sind nicht nur die beliebten Kaffeehausstühle der Gebrüder Thonet zu finden, sondern auch Jugendstil-Vasen von Josef Hoffmann, einem der Gründer der „Wiener Werkstätte“. Den Höhepunkt im Werk Gustav Klimts schließlich stellt der Beethovenfries im Ausstellungsgebäude der Secessionisten dar. „Goldenes Krauthappel“ (= Krautkopf) wird die Kuppel des Gebäudes im Volksmund spöttisch genannt. Und eine andere weithin bekannte Spezialität soll auch einmal golden gewesen sein. Nachdem es verboten worden war, das Wiener Schnitzel mit Blattgold zu servieren, erfand man die Panier – ein Ersatz aus Eigelb, Semmelbrösel und Mehl …

Oben:
Vom Dach des Parlaments bietet sich ein herrlicher Blick auf das Burgtheater und den Dr.-Karl-Lueger-Ring mit seinen imposanten Prachtbauten. In der zweiten Hälfte des 19. Jahrhunderts wurden Romanik, Gotik, Renaissance und Barock vielfältig zitiert und bildeten den – lange verkannten – eigenständigen Stil des „Historismus".

Links:
Der Wagenmeister Wolfgang Hauswirth empfängt die illustren Gäste des Hotels Imperial mit Noblesse und Charme. „Küss' die Hand" wird kein Herr Hofrat hören, aber so manche Dame mag sich in die gute alte Zeit zurück versetzt fühlen. Das Hotel am Ring zählt zu den luxuriösesten der Welt.

Seite 46/47:
Vom Dach des Kunsthistorischen Museums hat man einen wunderbaren Blick auf das Parlament und das Rathaus. Griechenland als Mutterland der Demokratie stand Pate beim Entwurf Hansens für das Gebäude, in dem die neu geschaffenen Reichs- und Landesvertretungen tagten.

Das Burgtheater am Ring gilt als eine der bedeutendsten Bühnen Europas, was sich nicht zuletzt am „Burgtheaterdeutsch“ manifestiert, das sich mittlerweile in vielen deutschsprachigen Sprechtheatern durchgesetzt hat. Während im Vorgängerbau am Michaelerplatz die Stücke auf kaiserlichen Befehl einen „Wiener Schluss“ (Happy End) haben mussten, werden heute auch zeitkritische Stücke aufgeführt.

In der südlichen Feststiege des Burgtheaters reicht der Blick vom Ranglogenpodest bis zum Eingang. Und durch diesen strömen die Massen – von der Auslastung von 80 Prozent können viele andere Bühnen wohl nur träumen. Und ein Traum für viele SchauspielerInnen ist es, einmal auf genau diesen Brettern zu stehen, die die Welt bedeuten.

Über die Feststiege I im Wiener Rathaus erreicht man den großen Festsaal. Errichtet wurde das Gebäude von Friedrich von Schmidt, wobei der Grundriss mit seinen sieben Höfen der Konzeption barocker Paläste folgt. Bei einer Gesamtfläche von 113 000 Quadratmetern weist der Bau 1575 Räume mit 2035 Fenstern auf.

Schon Herzog Rudolf IV. hatte 1365 eine öffentliche Bücherei vorgesehen. Heute ist die Wiener Universitätsbibliothek mit über 6,5 Millionen Bänden die größte wissenschaftliche Bibliothek Österreichs. Wer nur im Lesesaal schmökern möchte, benötigt dazu noch nicht einmal einen Bibliotheksausweis.

Seite 50/51:
Im großen Festsaal des Rathauses findet auch der Jungbürgerball statt. Der Saal wurde kürzlich aufwändig restauriert und seine Statuen historischer Persönlichkeiten zeigen unter anderem Herzog Albert von Sachsen-Teschen. Das Rathaus ist Sitz des Wiener Bürgermeisters sowie des Gemeinderates.

BILDER
AUS DEM

Linke Seite:
Das Fresko im Stiegenaufgang des Kunsthistorischen Museums stammt von Mihály Munkácsy. Der Ungar stammte aus einer ursprünglich bayerischen Familie und änderte seinen Namen Michael Lieb aus seiner Liebe zu seinem Geburtsort Munkásc in ebendiesen um. Viele seiner Werke befinden sich heute in den Museen von Budapest, München oder in den USA.

Die weltberühmte Gemäldegalerie des Kunsthistorischen Museums ist in 15 Sälen und 24 Seitenkabinetten untergebracht. Im Saal VI beeindrucken die Werke italienischer Meister. Der Grundstock für die Gemäldegalerie wurde vor allem durch die Sammlungsleidenschaft Erzherzog Leopold Wilhelms gelegt.

In der prächtigen und reichhaltig ausgestatteten Kuppelhalle des Kunsthistorischen Museums befindet sich im ersten Stock ein Café, das sich zum Ausspannen anbietet. 1891 wurde das Haus zusammen mit dem äußerlich zwillingsgleichen Naturhistorischen Museum eröffnet. Seit langem zählt es zu den wichtigsten Museen weltweit.

Früher hatte der Kaiser im Zuschauerraum der Staatsoper natürlich seine eigene Loge. Heute gibt es nicht nur eigene Vorstellungen für Kinder, auch das besonders kritische Stehplatzpublikum hat einen – nicht unumstrittenen – legendären Ruf. Den in aller Welt bekannten Wiener Opernball besuchen vornehmlich prominente Gäste aus Wirtschaft und Politik.

Der Goldene Saal des Musikvereins Wien gilt aufgrund seiner Akustik als bester Konzertsaal der Welt. Der Architekt Theophil von Hansen musste sich dabei auf seine Intuition verlassen, denn wissenschaftliche Studien über Raumakustik wurden erst im 20. Jahrhundert durchgeführt. Bekannt ist vor allem das jährliche Neujahrskonzert der Wiener Philharmoniker.

Rechte Seite:
Die Staatsoper befindet sich an der Ecke des Opernrings zur Oberngasse. Unter Herbert von Karajan wurden Starbesetzungen eingeführt, die bis heute andauern. Und so gaben und geben sich hier Maria Callas, Anna Netrebko, Luciano Pavarotti und Placido Domingo die Klinke in die Hand.

Der Theseustempel in der Mitte des Volksgartens wurde 1820 bis 1823 von Peter von Nobile nach dem Vorbild des Athener Theseions erbaut. Er diente der Aufbewahrung der von Antonio Canova geschaffenen Theseusskulptur, die später in das Kunsthistorische Museum überführt wurde.

Auch im Herbst ist der Volksgarten eine Oase der Entspannung mitten in der Stadt. In ihn mündet auch die Belüftungsanlage des Burgtheaters – die Luftansaughütte wird aufgrund ihrer Form im Volksmund „Schwammerl" genannt.

Bereits unter den Gebrüdern Strauß war der Kursalon des Stadtparks ein beliebtes Tanz- und Konzertlokal. Auch heute finden hier noch Johann-Strauß-Konzerte statt. Der Wiener Stadtpark mit seiner Fläche von 65 000 Quadratmetern wird von Wienern wie auch von Gästen gerne besucht.

Sigmund Freud hätte sicher nichts dagegen gehabt, wenn sich WienerInnen in einem nach ihm benannten Park beim Sonnenbad aalen. Der Park befindet sich im 9. Bezirk, bei der Universität, und wurde nach dem Bau der Votivkirche in den 1870er-Jahren gestaltet.

Seite 58/59:
Mitten in der Dächerlandschaft erhebt sich die Votivkirche. Erzherzog Ferdinand Maximilian, der spätere Kaiser von Mexiko, wollte ein Zeichen des Dankes dafür setzen, dass das Attentat auf seinen Bruder, Kaiser Franz Joseph I., misslungen war. Die neugotische Kirche birgt in ihrem Inneren wunderschöne Kunstwerke aus der Zeit der Renaissance.

Besonders prunkvoll wirkt die Zentralhalle des Justizpalastes mit den Wappen der ehemaligen österreichischen Kronländer und der Statue der Justizia. Im Neorenaissancebau aus den Jahren 1875 bis 1881 befindet sich eine Gedenktafel von 1927, die an den Brand im gleichen Jahr erinnert. Seit kurzem befindet sich im Gebäude eine zentrale Bibliothek, die in Form einer „Lesebrücke" quer über einen der Innenhöfe gebaut wurde.

Das Palais für Erzherzog Wilhelm am Parkring wurde 1864 bis 1868 von Theophil Hansen erbaut, der selbst die kleinen Details wie Türknäufe oder Fenstergriffe selbst plante. Da der Bauherr Großmeister des Deutschen Ordens war und daher nicht heiraten durfte, gab es keine Gemächer für eine Dame des Hauses. In seiner vollen Pracht zeigt sich der ehemalige Speisesaal in der Beletage.

Der ehemalige Abgeordnetensaal des Parlaments am Ring ist im Stil eines antiken Theaters gestaltet. Geschmückt ist er mit ionischen Säulen und dazwischen stehenden Marmorfiguren. Heute tagt hier die österreichische Bundesversammlung.

Die Säulenhalle im MAK, dem Österreichischen Museum für Angewandte Kunst, ist ein repräsentativer Rahmen für die Sammlungen. Böhmische Gläser sind hier ebenso zu finden wie Thonet-Sessel oder eine Nachbildung der „Frankfurter Küche“. Seit einigen Jahren stellt das Museum auch Werke der Gegenwartskunst im öffentlichen Raum aus.

Nicht nur das Hotel trägt den Namen „Imperial", auch die Torte. Gekühlt ist sie wochenlang haltbar, das Rezept ist natürlich ein Geheimnis des Hauses. Wer nicht die Gelegenheit zum persönlichen Einkauf hat, dem wird das edle Stück auch – weltweit – per Kurierdienst gesandt.

In der Eingangshalle des Grand Hotels am Kärntner Ring werden nach wie vor gekrönte Häupter empfangen, aber auch der Geldadel gibt sich hier ein Stelldichein. Das Grand Hotel war das erste seiner Art in ganz Europa. Bereits zur Eröffnung 1870 verfügten viele der Zimmer über ein eigenes Badezimmer und bereits nach kurzer Zeit gab es überall ein Telefon.

So nobel kann keine Treppe sein, dass sie in Wien nicht „Stiege“ hieße, was sich ja eher nach „Hühnerleiter“ anhört. Seit mehr als hundert Jahren ist das Hotel Bristol gegenüber der Staatsoper am Kärntner Ring eine der ersten Adressen Wiens. Vor oder nach der Oper bietet das Gourmet-Restaurant „Korso bei der Oper“ kreative Gaumenfreuden an.

Der ehemalige Rauchsalon des Palais Leitenberger am Parkring ist heute eines der Schmuckstücke des Radisson SAS-Hotels. Für den Umbau zum Hotel wurde das Palais mit dem benachbarten Palais Henckel von Donnersmarck baulich verbunden.

Seite 64/65:
Das Palmenhaus am Burggarten nutzte einst schon der Kaiser privat zur Unterhaltung und Entspannung. Untergebracht ist hier nicht nur ein Café-Restaurant, auch die Pflanzen dürfen wie ehedem überwintern und eine große Attraktion ist das Schmetterlingshaus.

Vorstädte und Vororte – über den „Gürtel“ bis zum Wienerwald

Rings um den Ring gruppieren sich die ehemaligen Vorstädte Landstraße, Mariahilf, Neubau oder Josefstadt. Der 2. Bezirk dagegen, Leopoldstadt, beherbergt ein wichtiges Wahrzeichen Wiens, den Prater mit seinem Riesenrad. Hier haben viele neuzeitliche Fahrgeschäfte Einzug gehalten und wer eher das alte Flair schätzt, der ist im Böhmischen Prater vielleicht besser aufgehoben. Dieser befindet sich auf dem Laaer Berg im Südosten der Stadt, gar nicht so weit vom Zentralfriedhof entfernt. Zu diesem parkähnlichen Gelände gelangt man mit der Linie 71, dem „Witwenexpress“, und man sagt, der Zentralfriedhof sei halb so groß und doppelt so lustig wie Zürich ... Doch vor der „schönen Leich“ kommt ein schönes Leben. Und das nahmen sich die Habsburger zu Herzen. Sisi, Kaiserin Elisabeth, soll sich zwar im Schloss Schönbrunn nicht wohl gefühlt haben, aber die Sommerresidenz mit ihren 1441 Zimmern und Sälen ist heute absolutes „Muss“ eines jeden Wien-Besuchers. Nach dem Sieg über die Türken hatte Johann Bernhard Fischer von Erlach ein Schloss geplant, das Versailles an Größe und Pracht noch übertreffen sollte.

Ebenfalls ein Ergebnis der erfolgreichen Türkenabwehr war das Schleifen der einstigen Befestigungswälle und die Anlage der Gürtelstraße, zwischen den Vorstädten und den Vororten gelegen. Die Stadt ist längst zusammengewachsen und so sind auch die bekannten Weinorte wie Grinzing oder Nussdorf näher gerückt. Sie liegen am Rande des Wienerwaldes, des wichtigsten Naherholungsgebietes der Großstädter.

Noch näher sind den Wienern allerdings ihre Kaffeehäuser, Beisln, Schanigärten oder Heurigen. Eine Auswahl davon ist wohl in jedem Viertel zu finden und jeder hat seine Lieblingslokalitäten. Eine der bekanntesten Adressen ist das Griechenbeisl, mit ehemals so illustren Gästen wie Beethoven, Brahms oder Strauß, aber auch Grillparzer, Nestroy oder Mark Twain.

Oben:
Im berühmten Schönbrunner Gelb leuchtet das berühmteste der Habsburger Lustschlösser im Lichterschein. Den schönsten Blick darauf hat man von der Gloriette. Von den 1441 Schlossgemächern können 39 repräsentative Schauräume besichtigt werden.

Links:
Das Amerlingbeisl in der Stiftgasse 8 befindet sich im Innenhof des Amerlinghauses. Vor dreißig Jahren wurde hier am Spittelberg ein alternatives Kultur- und Sozialzentrum gegründet, das sich trotz – oder wegen – der Umwandlung des Viertels in ein Boomquartier halten konnte.

Prinz Eugen von Savoyen ließ sich von Johann Lucas von Hildebrandt die beiden Schlösser Oberes und Unteres Belvedere errichten. Heute ist hier die Österreichische Galerie Belvedere untergebracht. Eines der Herzstücke ist die weltweit größte Sammlung von Werken Gustav Klimts.

Im Oberen Belvedere ist ein Raum Egon Schiele gewidmet. Das Schloss war ursprünglich nur als kleines Gebäude konzipiert und sollte den gestalterischen Abschluss der Parkanlagen bilden. Zentrum ist der Marmorsaal, der mit einem Deckengemälde von Carlo Innocenzo Carlone ausgeschmückt ist.

Der deutsche Maler Jonas Drentwett stattete den Groteskensaal des Unteren Belvedere mit römischen Fresken von Fabelwesen aus. Neben dem Schloss befindet sich die Orangerie, in der heute ein Museum mit mittelalterlicher österreichischer Kunst untergebracht ist. Der Türkenbezwinger Prinz Eugen hatte Versailles vor Augen, als er den Bauauftrag erteilte.

Auch im Unteren Belvedere bildet der Marmorsaal das Zentrum. Das Schloss war einst sommerlicher Wohnsitz von Prinz Eugen von Savoyen. Hier befindet sich auch das Barockmuseum, unter anderem mit Werken von Johann Michael Rottmayr.

Seit einigen Jahren ist im Palais Liechtenstein wieder eine der größten privaten Kunstsammlungen der Welt zu sehen. Dem barocken Palais entsprechend liegt der Hauptschwerpunkt der Sammlungen bei Gemälden und Plastiken aus dem Barockzeitalter. Fürstlich ist auch die klassizistische Bibliothek des „Gartenpalais" zu nennen – sie wurde aus dem Majoratshaus in der Herrengasse hierher übertragen.

Vor allem dem Werk Peter Paul Rubens' sind die Barock-Sammlungen des Liechtenstein-Museums gewidmet. Der in Siegen geborene Künstler war nicht nur ein Maler-, sondern auch ein Vermarktungsgenie, so dass er viele seiner Werke als „vom Meister selbst retuschiert" verkaufte. Bereits 1693 hatte der liechtensteinische Fürst den monumentalen Decius-Mus-Zyklus erworben.

Das Deckenfresko im Herkulessaal des Liechtenstein-Museums wurde von Andrea Pozzo ausgeführt. Er war Laienbruder der Jesuiten und führender Theoretiker der illusionistischen Malerei seiner Zeit. Da er früh starb, wurde für die Ausmalung des Erdgeschosses Johann Michael Rottmayr als „Notlösung" engagiert – sein Werk wurde kürzlich wieder entdeckt und vorbildlich restauriert.

Beim Abbruch des Majoratshauses in der Herrengasse war die Bibliothek ausgebaut und in das Gartenpalais transferiert worden. Dieses Traditionsbewusstsein setzt sich vom Erbauer des Gartenpalais bis zum heutigen Fürsten Hans Adam II. von Liechtenstein fort, der bereits 2004 die Staatsgeschäfte seinem Sohn Alois übergab. Der Fürst gilt als reichster Monarch Europas.

Seite 72/73:
Obwohl die Donau an der Stadt mehr vorbei als durch sie hindurch fließt, führte jedes Hochwasser zu katastrophalen Überschwemmungen. Es bildeten sich immer wieder neue Flussarme und bereits 1598 wurde einer davon reguliert, der heute als „Donaukanal" bekannt ist. Er war schiffbar und spielte als Handelsweg eine wichtige Rolle.

Vor einigen Jahren wurden die ehemaligen kaiserlichen Hofstallungen zusammen mit modernster Architektur zum riesigen MuseumsQuartier umgebaut. Große Kunstmuseen wie das MUMOK (Museum Moderner Kunst Stiftung Ludwig Wien) sind hier ebenso beheimatet wie das Festival der Wiener Festwochen.

Der Hof des MuseumsQuartiers lädt mitten in der Stadt zu einer Pause ein. Nicht nur das vielfältige kulturelle Angebot, auch diese beschauliche Ruhe haben dazu beigetragen, dass das anfangs umstrittene Projekt sehr schnell von Wienern wie Gästen angenommen wurde. Das 60 000 Quadratmeter große Gelände zählt zu den größten Kulturarealen weltweit.

Das Leopold Museum ist inzwischen das meistbesuchte Haus des MuseumsQuartiers. Neben der weltgrößten Sammlung von Werken Egon Schieles findet man hier auch andere bedeutende Künstler wie Oskar Kokoschka oder Alfred Kubin. Doch eines der bekanntesten Gemälde des Museums ist sicher Gustav Klimts „Tod und Leben".

Das Wiener Büro der Architekten Ortner & Ortner hatte den Auftrag erhalten, das Museums-Quartier umzubauen. Von strenger Sachlichkeit zeugt auch der Bereich der Liftanlage im MUMOK. Gezeigt werden Werke von Pablo Picasso bis Andy Warhol.

Linke Seite:
Friedensreich Hundertwasser hieß eigentlich Friedrich Stowasser – in vielen slawischen Sprachen bedeutet „sto" hundert. Er gab sich selbst jedoch auch noch die Beinamen „Regentag" und „Dunkelbunt". Das von ihm entworfene KunstHausWien in der Unteren Weißgerberstraße ist ihm als Museum gewidmet.

Die Müllverbrennungsanlage Spittelau erinnert im ersten Moment an eine Moschee und ist unverkennbar ein Werk Friedensreich Hundertwassers. Die farbenfrohe Gestaltung des Zweckbaus erntete anfangs bei weitem nicht die Kritik, die den früheren Wohnbauten des Künstlers eigen war. Mit diesem Fernwärmewerk werden mehr als 60 000 Wiener Wohnungen beheizt.

Gerade Linien empfand Friedensreich Hundertwasser als „gottlos", da sie in der Natur nicht vorkommen. Von Gustav Klimt und Egon Schiele inspiriert entwarf er seinen eigenen Stil. Nicht nur das KunstHausWien ist eine Attraktion, auch seine Bauten in Deutschland, Amerika oder Japan bis hin zur öffentlichen Toilette in Neuseeland werden gerne besucht.

Seite 78/79:
Nach der Regulierung des Wienflusses wollte Otto Wagner aus der Wienzeile zwischen Karlsplatz und Schönbrunn eine Prachtstraße machen. Das bekannteste der drei Häuser an der Linken Wienzeile ist das Majolikahaus. Die Majolikaplatten an der Fassade sind abwaschbar – für den Architekten war Hygiene ein wichtiger Bestandteil von Modernität.

Die gelungene Synthese von Funktionalität und Ästhetik bei Otto Wagners Postsparkassenamt zeigt sich nicht nur an der Fassade, sondern auch in der Kassenhalle. Der Fußboden besteht aus Glaskacheln, die Licht in die darunter liegenden Räume leiten – dort ist es tatsächlich taghell.

Die Heilig-Geist-Kirche (1910–1913) in Ottakring, die erste Eisenbeton-Kirche Österreichs, wurde vom österreichischen Thronfolger Erzherzog Franz Ferdinand als eine „Mischung von Russischem Bad, Pferdestall und Venustempel" verspottet. Vom slowenischen Architekten Jože Plečnik (Josef Plecnik) entworfen, zählt sie heute zu seinen international bekannten Werken.

Otto Wagners Haus in der Linken Wienzeile 38 an der Ecke zur Köstlergasse ist bekannt für seine spektakuläre Ecklösung in Form eines Viertelkreises. Hinter diesem Eck, in der Gasse, befindet sich das dritte und schlichteste der Wagner-Häuser, in dem er zeitweise selbst wohnte. Hier befand sich auch seine legendäre gläserne Badewanne.

Ganz links:
Die sogenannte „Zweite Villa Wagner" wird von einem Portal mit Glasfenster geschmückt. Otto Wagner war nicht nur ein bedeutender Architekt und Bauherr, die Lehrtätigkeit spielte in seinem Leben eine große Rolle. Aus seiner Schule gingen bedeutende Architekten wie Josef Hoffmann oder Josef Maria Olbrich hervor.

Links:
Koloman Moser hatte die goldenen Ornamente für das Wagner-Haus in der Linken Wienzeile 38 angefertigt. Auf dem Dach des Hauses befindet sich die Skulptur der „Ruferinnen" von Othmar Schimkowitz.

Vielfältig sind die gastronomischen Angebote am Naschmarkt. Morgen- und abendländische Küche wird ebenso feilgeboten wie Biologisches, Vegetarisches oder einfach eine Wurst am Würstelstand. Wobei man hier natürlich keine „Wiener" bestellen darf, sondern höchstens eine „Frankfurter"…

Obst und Gemüse in Hülle und Fülle findet man an den zahllosen Ständen am Naschmarkt. Doch die ambitionierte Hausfrau/der Hausmann kann sich hier auch mit Fisch, Fleisch, Backwaren, Kräutern oder italienischen, griechischen und türkischen Spezialitäten eindecken. Da kann der nächste Gang in den Supermarkt ruhig noch ein bisschen warten.

Seit über drei Jahrzehnten ist nun jeden Samstag auf dem Naschmarkt Flohmarkt angesagt. Den ganzen Tag über wetteifern professionelle Händler ebenso wie sporadische Dachboden-Entrümpler um die Gunst der Kunden.

Die nostalgische Stimmung auf dem Flohmarkt am Naschmarkt zieht jeden Samstag viele Wiener wie Gäste magisch an. Echte Antiquitäten sind hier ebenso zu finden wie Kitsch und Tand. Doch gerade die bunte Mischung macht die Atmosphäre so einmalig.

24
22
20

*Linke Seite:
Eines der bekanntesten Wahrzeichen Wiens ist sicher das Riesenrad am Prater. Von hier bietet sich ein faszinierender Blick über den Stephansdom und die ganze Stadt bis zum Wienerwald. Im Wurstelprater locken altmodische Tanzdielen ebenso wie die moderne Achterbahn oder ein Dinopark Wiener wie Gäste an.*

Einst durften am Prater nur die Adeligen zu Fuß oder hoch zu Ross lustwandeln. Seit der Öffnung für das Volk ist das weitläufige Gelände an den Donauauen auch ein Eldorado für ambitionierte bürgerliche Pferdeliebhaber. Eine Galopp- und eine Trabrennbahn sowie viele Reitklubs runden das Angebot für Ross und Reiter ab.

Im knapp 1300 Hektar großen Naturpark Prater zwischen Donau und Donaukanal finden sich auch so idyllische Fleckchen wie am Heustadelwasser. Hier kann man sich vom Getriebe der nahen Großstadt erholen und die Seele baumeln lassen.

In diesem Haus in der heutigen Haydngasse schuf Joseph Haydn (1732–1809) einen Großteil seines Alterswerkes. Einer seiner glühendsten Verehrer war Johannes Brahms (1833–1897), dem deshalb ebenfalls ein Raum im Haydn-Museum gewidmet ist. Das von Brahms erworbene Klavichord soll ursprünglich im Besitz Haydns gewesen sein.

An das Leben des zeitgenössischen Komponisten Arnold Schönberg (1874–1951), der auch eine Notenschreibmaschine sowie ein Gerät zum Ziehen von Notenlinien entwarf, wird in der Geburtsstadt Wien erinnert. Im Palais Fanto wurde vor einigen Jahren das Arnold Schönberg Center eröffnet. Gezeigt wird unter anderem sein Arbeitszimmer.

47 Jahre lebte und arbeitete Sigmund Freud in diesem Haus, das nun Museum ist. Er zog, zusammen mit seiner berühmten Couch und den meisten anderen Möbeln, nach London. Original wiederhergestellt wurde das Wartezimmer des berühmten Psychoanalytikers.

Im Pasqualati-Haus, in dem Beethoven durch das Wohlwollen seines Gönners einige Jahre wohnen durfte, befindet sich heute eine Gedenkstätte zu Ehren des Komponisten. Hier komponierte er unter anderem „Für Elise". Beethovens Porträt von Willibrord Joseph Mähler wurde bereits im 19. Jahrhundert durch eine Lithographie weithin bekannt.

Ein Besuch des Heurigen Sirbu in der Kahlenbergstraße 210 im 19. Bezirk wird gerne mit einem Spaziergang verbunden. Das ist nötig, weil die nächsten Bus- beziehungsweise Bahnstationen nicht vor der Haustür liegen. Und es ist auch lohnend, denn die Stadt Wien liegt den Gästen zu Füßen – das Panorama ist fantastisch.

Rechts oben:
Sievering wurde bereits 1114 erstmals urkundlich als „Sufringen" erwähnt. Anfang des 19. Jahrhunderts prägten große Rebflächen das Ortsbild.

Rechts unten:
„Sturm!" ist in Wien nicht unbedingt eine Wettervorhersage. Wie hier auf dem Naschmarkt kann es auch bedeuten, dass nun im Herbst der junge Wein verkauft wird.

Ganz rechts:
Vor dem Besuch eines Heurigen wie hier in der Sieveringerstraße schauen Eingeweihte in den Heurigenkalender, denn traditionell hat jede der Gaststätten ihre eigenen Öffnungszeiten. Zum Wein aus eigenem Anbau gibt's dann Schmankerl aus der Alt-Wiener Küche und vielleicht sogar Schrammelmusik.

Beim Heurigen Schübel-Auer in der Kahlenbergerstraße 22 soll es angefangen haben mit der weltberühmten Wiener Schrammelmusik. Die beiden Brüder Johann und Josef Schrammel gründeten mit zwei weiteren Musikern ein Quartett und komponierten so bekannte Lieder wie „Wien bleibt Wien".

Den Heurigen Mayer im 19. Bezirk findet man immer noch in dem Haus am Pfarrplatz 2, in dem im Sommer 1817 Beethoven wohnte. Der Komponist suchte Linderung von seinem Ohrleiden in Heiligenstadt. Während seines Aufenthaltes arbeitete er an seinem größten Werk, der 9. Symphonie.

Register

	Textseite	*Bildseite*
Albertina		32, 33
American Bar		39
Amerlingbeisl		67
Ankerhaus		24
Ankeruhr		38
Arnold Schönberg Center		86
Burggarten	20	
Burgtheater	44	6, 44, 48
Café Central	14	
Café Demel	14	37
Café Griensteidl	14	
Café Hawelka	14	
Café Imperial	14	
Café Landtmann	14	36
Café Museum		36
Café Schwarzenberg		37
Figlmüller		43
Freud-Museum		87
Freyung		34
Friedhof der Namenlosen	13	
Graben	20	
Grand Hotel		62
Griechenbeisl	66	
Haas-Haus		25
Haydn-Museum		86
Heilig-Geist-Kirche		80
Hofburg	13, 14, 20, 44	29
Hotel Bristol		63
Hotel Imperial	14	17, 45, 62
Hotel Sacher	14	
Justizpalast	60	
Kapuzinergruft	13	28
Karl-Marx-Hof	16	
Karlskirche		30
Karlsplatz		10
KunstHausWien (Hundertwasser-Haus)	16	76
Kunsthistorisches Museum	44	28, 52, 53
Laaer Berg	66	
Leopold Museum		75
Leopoldstadt	66	
Majolikahaus		78
Michaelerkirche		26
Museum Moderner Kunst		75
MuseumsQuartier	16	16, 74, 75
Naschmarkt	20	82, 83
Naturhistorisches Museum	44	
Österr. Museum für Angewandte Kunst	44	61
Palais Daun-Kinsky		34, 35
Palais Fanto		86
Palais Leitenberger		63
Palais Liechtenstein		70, 71
Palmenhaus		8, 64
Parlament		46, 61
Pasqualati-Haus		87
Peterskirche		23
Postsparkassenamt		5, 80
Prater	12, 13, 66	84, 85
Rathaus	14	46, 49–51
Sankt Marxer Friedhof		15
Schloss Belvedere	15	68, 69
Schloss Schönbrunn	13, 15, 66	66
Secessionsgebäude		39
Sisi-Museum	14	
Staatsoper	15	54, 55
Stadtpark		57
Stephansdom	13, 20	22, 23
Villa Wagner		18, 81
Volksgarten	20	14, 56
Votivkirche		58
Wienerwald	15, 16, 66	
Zentralfriedhof	13, 66	

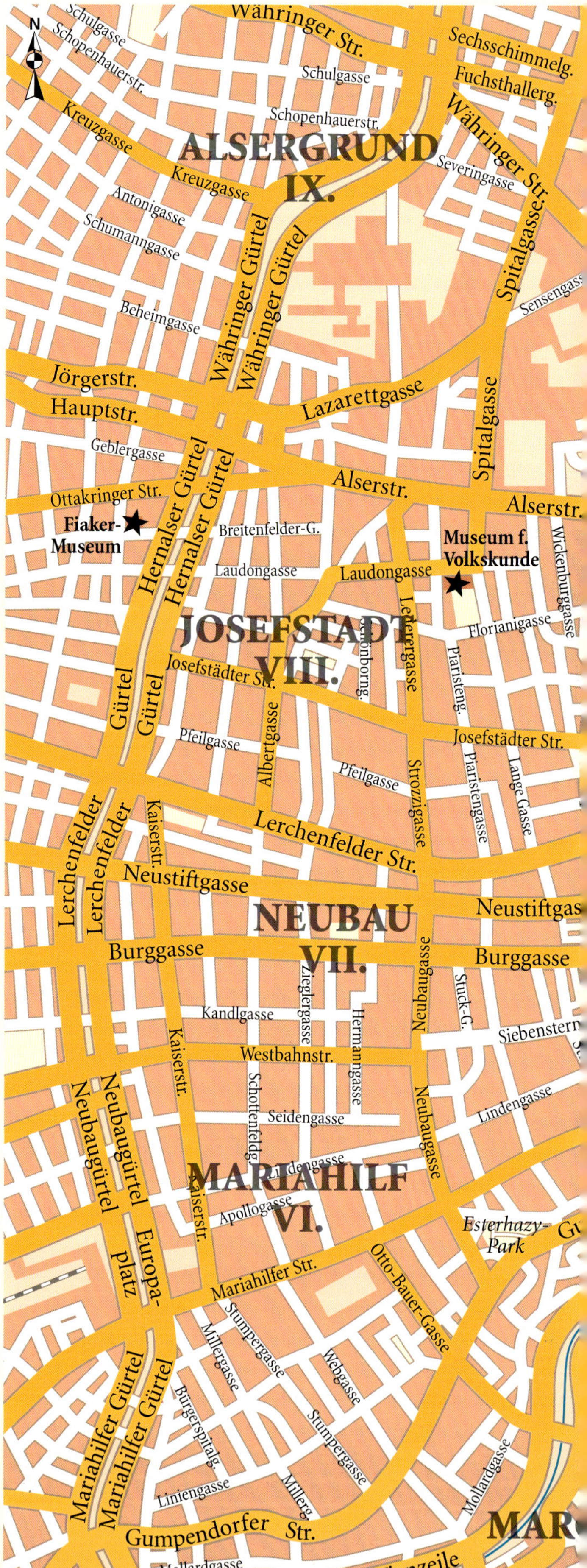

Augarten
Augarten-palais
Alserbachstr.
Liechten-stein-park
Porzellangasse
Seegasse
Pramergasse
Roßauer Lände
Obere Donaustr.
Obere Augartenstr.
Untere Augartenstr.
Rembrandtstr.
Taborstr.
Am Tabor
Nordbahnstr.
Heinestr.
Volkertstr.
Darwingasse
Vereinsgasse
Lassallestr.
Engerthstr.
Vorgartenstr.
Ybbsstr.
Ennsgasse
Jungstr.
Obermüllnerstr.
Stuwerstr.
Venediger Au
Praterstern
Ausstellungsstr.
Volksprater
Riesenrad
Pratermuseum
Hauptallee
Straße des Ersten Mai
S.-Freud-Museum
Berggasse
Hörlgasse
Kolingasse
M.-Theresien-Str.
Schottenring
Börse
Wipplingerstr.
Franz-Josefs-Kai
Donaukanal
Obere Donaustr.
Leopoldgasse
Gr. Pfarrg.
Hollandstr.
Gr. Stadtgutgasse
Novaragasse
Blumauergasse
Zirkusgasse
Praterstr.
Gr. Mohrengasse
Ferdinandstr.
Untere Donaustr.
Dampfschiffstr.
Vivariumstr.
Schüttelstr.
Sportklubstr.
Franzensbr.-str.
S.-Freud-Park
Universitätsstr.
Altes Rathaus
Salzgries
Marc-Aurel-Str.
Schottengasse
Schottenstift
Rathauspark
Tiefer Graben
Dr. Karl-Lueger-Ring
Burgtheater
Bankgasse
Herrengasse
INNERE STADT I.
Rotenturmstr.
Fleischmarkt
Dominikanerkirche
Schwedenbrücke
Aspernbrücke
Urania
Ob. Weißgerberstr.
Radetzkystr.
Kunsthaus Wien
Weißgerberlände
LEOPOLDSTADT II.
Konstantinhügel
Rustenschacherallee
Böcklinstr.
Volksgarten
Kohlmarkt
Graben
Wollzeile
Bäckerstr.
Stephansdom
Stephansplatz
Stubenbastei
Biberstr.
Stubenring
Österr. Museum für angew. Kunst
Zollamtsstr.
Hint. Zollamtsstr.
Viaduktg.
Kegelgasse
Löwengasse
Hundertwasserhaus
Unt. Weißgerberstr.
Bahnhof Wien-Mitte
Marxer Gasse
Heldenpl.
Hofburg
Burgtor
Spiegelgasse
Kärntner Str.
Weihburggasse
Stadtpalais
Parkring
Weißk.-Str.
Stadtpark
Landstraßer Hauptstr.
Rotundenallee
Prater
Burgring
Museum für Völkerkunde
Albertina
Seilerstätte
Schellinggasse
Hegelgasse
Schubertring
Kursalon
Am Heumarkt
Ungargasse
Rasumofskygasse
Kundmanngasse
Geusaug.
Erdbergstr.
Schüttelstr.
Erdberger Lände
Messeplatz
Kunsthist. Museum
Opernring
Staatsoper
Operng.
Krugerstr.
Mahlerstr.
Kärntner Ring
Lothringer Str.
Salesianerg.
Linke Bahngasse
Rechte Bahngasse
Rochusgasse
Wassergasse
Hainburger Str.
Göllnergasse
Dietrichgasse
Nibelungen-G.
Getreidemarkt
Bösendorfer Str.
Künstlerhaus
Konzerthaus
Schwarzenbergplatz
Zauner-Neulinggasse
Z.-Neulinggasse
Arenbergpark
Lehargasse
Karlsplatz
Karlskirche
Naschmarkt
Linke Wienzeile
Operngasse
Paniglgasse
Gußhausstr.
Schwindg.
Palais Schwarzenberg
Rennweg
Strohgasse
Unteres Belvedere Schloß
Barichgasse
Juchgasse
Drorygasse
Wienzeile
Schönbrunner Str.
Margaretenstr.
Wiedner Hauptstr.
Favoritenstr.
Floragasse
Argentinierstr.
Plößlgasse
Schwarzenberggarten
Botanischer Garten
Belvederegarten
Schützeng.
Boerhaavegasse
Eslarngasse
Klimschgasse
Baumgasse
Petrusgasse
Schimmelgasse
Schlachthausgasse
Gr. Neugasse
Krongasse
Mayerhofgasse
WIEDEN IV.
Prinz-Eugen-Str.
Belvedereg.
Oberes Belvedere Schloß
Fasangasse
Kölblgasse
Aspangstr.
Ziegelofengasse
Schaumburgergasse
Rainergasse
Belvederegasse
Mommsengasse
Hohlweggasse
Mohsgasse
LANDSTRASSE III.

Auch ein „Mozart“ braucht mal eine Pause, besonders, wenn er als Konzertkartenverkäufer daherkommt. Wenn der Komponist auch nicht immer auf der Sonnenseite des Lebens stand, so lebt doch sein Mythos weiter. Die Erinnerung an ihn wird auch in Wien gepflegt.

Umschlag vorne:
Oben:
Im Jahr 1899 wurde das Café Museum eröffnet. Der weltbekannte Architekt Adolf Loos hatte die Inneneinrichtung in einer bisher nicht gekannten Schlichtheit und Sachlichkeit entworfen, die schnell zum Spitznamen „Café Nihilismus“ beitrug. Nach seiner umfassenden Renovierung vor einigen Jahren erstrahlt es wieder im alten Glanz.
Unten:
Größer könnte der Kontrast kaum sein: rechts der altehrwürdige Stephansdom, links das supermoderne Haas-Haus. Dem Wahrzeichen des „Steffel“ setzte der Architekt Hans Hollein einen Spiegel vor, was einige Zeit zu kontroversen Debatten führte. Mittlerweile gilt das Duo als unzertrennlich.

Umschlag hinten:
Lange Zeit hatte das Johann-Strauß-Denkmal im Stadtpark die üblich grau-grüne Farbe der meisten Skulpturen der Stadt. Doch vor ein paar Jahren beschloss die Stadtverwaltung den heißgeliebten „Walzerkönig“ zu vergolden – und wenn's auch kein echtes Gold ist, die Wiener sind begeistert.

Impressum

Buchgestaltung
hoyerdesign grafik gmbh, Freiburg

Karte
Fischer Kartografie, Aichach

Printed in Germany
Repro: Artilitho, Lavis-Trento, Italien
Druckerei Ernst Uhl GmbH & Co. KG,
Radolfzell am Bodensee

ISBN 978-3-88189-728-0

Unser gesamtes Programm finden Sie unter:
www.verlagshaus.com